DESCRIPTION

DES PRINCIPALES

ARTILLERIES ÉTRANGÈRES

PAR

M. JOUFFRET

Capitaine d'artillerie, adjoint au professeur du Cours d'artillerie à l'École d'application
d'artillerie et du génie, à Fontainebleau.

PREMIÈRE PARTIE

ARTILLERIE PRUSSIENNE

ARTILLERIE PRUSSIENNE

I. Bouches a feu. — Généralités sur les bouches à feu. — Canons rayés. — Fermetures de culasse : système Wahrendorff, système Kreiner, système Krupp. — Données numériques. — II. Affûts et voitures. — Affûts et voitures de campagne; affûts de siége. — III. Projectiles. — Projectiles lancés par les bouches à feu lisses; par les bouches à feu rayées. — Données diverses. — IV. Effets du tir. — Rapidité ; justesse; force vive ; zone dangereuse; effets d'éclatement. — V. Organisation. — Sur le pied de paix ; sur le pied de guerre.

I

BOUCHES A FEU (¹).

L'artillerie prussienne comprend des bouches à feu *de campagne, de siége, de place* et *de marine*; le tableau sui-

---

(¹) Depuis le 1er janvier 1872, l'Allemagne emploie le système métrique, et le calibre des bouches à feu n'est plus désigné que par le diamètre de l'âme exprimé en centimètres. Mais pour faciliter la lecture des ouvrages militaires allemands écrits avant cette époque, on indique ici la valeur des mesures dont il y est fait usage.

Longueurs et poids. — L'unité de longueur qu'on trouve dans ces ouvrages est le *pied du Rhin*, valant 0m,3138 ; il est divisé en 12 *pouces* ('') et le pouce est divisé en cent *centièmes*; les distances y sont généralement exprimées en pas de 2 pieds 4 dixièmes = 0m,753; 10000 de ces pas font un *mille* prussien.

L'unité de poids est la *livre métrique* adoptée en 1858 par le Zollverein allemand; elle se divise en 30 *loths*, et 100 livres font un *centner*. — Le tableau suivant facilitera la conversion de ces mesures en mesures françaises.

TABLE DE CONVERSION DES							
PAS EN MÈTRES.		PIEDS EN MÈTRES.		POUCES EN MILLIM.		LOTHS EN GRAMMES.	
1	0,753	1	0,314	1	26,15	1	16,67
2	1,506	2	0,628	2	52,30	2	33,83
3	2,250	3	0,942	3	78,46	3	50,00
4	3,012	4	1,255	4	104,60	4	66,67
5	3,760	5	1,569	5	130,70	5	83,33
6	4,510	6	1,883	6	157,00	6	100,00
7	5,270	7	2,196	7	183,00	7	116,67
8	6,020	8	2,510	8	209,00	8	133,83
9	6,770	9	2,824	9	235,00	9	150,00
10	7,530	10	3,139	10	261,50	10	166,67

Calibre. — Le calibre était le poids exprimé par un nombre rond de livres, du

ART. ÉTRANG.

1

vant fait connaître leur dénomination actuelle et le métal avec lequel elles sont fabriquées :

ARTILLERIE		
DE CAMPAG.	Canon de 8ᶜ, en acier fondu (canon de 4), » de 9ᶜ, » » (canon de 6).	
DE SIÉGE...	Canon de 9ᶜ en acier fondu, » de 12ᶜ en bronze, » court de 15ᶜ en bronze, » de 15ᶜ en acier fondu, en bronze ou en fonte ; Mortier de 21ᶜ, en bronze (mortier rayé de 8 pouces), » lisse de 15ᶜ en bronze, » » de 23ᶜ en bronze et en fonte, » » de 28ᶜ id.	
DE PLACE ..	Canon de 9ᶜ en fonte et en acier fondu, » de 12ᶜ en fonte et en bronze, » de 15ᶜ id. id. Canon lisse de 7ᶜ en fonte et en bronze, » » de 9ᶜ id. id. » » de 12ᶜ en bronze (ancien canon de campagne); Obusier de 23ᶜ en fonte, » de 28ᶜ id. Mortiers déjà cités, plus un mortier à fût (Schaftmœrser) et un mortier à main (Handmœrser), en bronze.	
DE MARINE .	Canons de 8ᶜ en bronze ou en acier, — de 9ᶜ en bronze, — de 12ᶜ en fer, — de 15ᶜ en fer, — de 15ᶜ de marine fretté, court et long, en fer, — de 15ᶜ de marine, en acier, — de 15ᶜ fretté, — de 21ᶜ court de marine, en bronze, — de 21ᶜ fretté, court et long, en acier, — de 24ᶜ court et long, en acier, — de 26ᶜ fretté, — de 28ᶜ fretté, — de 36ᶜ (ancien 1000). Canons lisses de 12ᶜ et de 15ᶜ, en bronze, dits canons de chaloupe, — de 16ᶜ nᵒˢ I à IV, — de 17ᶜ nᵒˢ I à IV. Canons à bombes de 20ᶜ, — de 20ᶜ anglais nᵒˢ I à III.	

OBSERVATIONS. — Tous les canons et mortiers dont la désignation n'est pas accompagnée du mot *lisse* sont rayés et se chargent par la culasse. — On n'a pas fait entrer dans le tableau deux espèces de bouches à feu lisses qui paraissent avoir été déclassées depuis peu, savoir : le *canon à bombes* (*Bombenkanone*) et l'*obusier* (*Haubitze*). C'étaient des intermédiaires entre le canon et le mortier, le premier se rapprochant davantage du canon par sa longueur d'âme, ses épaisseurs de métal, sa charge de tir et la tension de la trajectoire ; le second, au contraire, se rapprochant davantage du mortier. Adoptées en 1858 et destinées au tir d'enfilade ou au tir plongeant, ces bouches à feu, au nombre de *deux* de chaque espèce, étaient en fer, des calibres de 25 et 50 livres (224ᵐᵐ,7 et 287ᵐᵐ,6).

Il y a lieu de signaler sur les formes et les proportions des bouches à feu les particularités suivantes.

boulet en fonte pour les *canons*, et du *boulet en pierre* pour *toutes les autres espèces de bouches à feu.*
Pour les canons, les calibres désignés dans ce système par les chiffres
3, 4, 6, 12, 24, 36, 72, 96 livres
correspondent respectivement à ceux de
7, 8, 9, 12, 15, 17, 21, 24 centimètres,
dans la nouvelle dénomination ; pour les mortiers, les calibres de 7, 25 et 50 livres correspondent à 15, 23 et 28 centimètres.

Longueur d'âme. — La longueur totale de l'âme est de 17 à 22 calibres pour les canons (excepté pour les canons courts de 12ᶜ et de 15ᶜ, qui n'ont que 12 à 13 calibres); elle est de 2 calibres et demi pour les mortiers lisses et de 5 et demi pour le mortier rayé. Les mortiers lisses ont une chambre cylindrique de 1 calibre de long, terminée par une demi-sphère et se reliant avec l'âme par une portion de sphère.

Prépondérance. — La prépondérance de culasse, pour les canons, est de $^1/_{12}$ à $^1/_{16}$ du poids total de la bouche à feu.

Lumière. — La lumière est toujours perpendiculaire à l'axe de la pièce; elle est à un pouce (26^{mm}) du fond de l'âme pour les canons lisses et à 3 pouces pour les canons rayés. Pour les mortiers, elle aboutit à l'origine de la partie arrondie qui forme le fond de la chambre.

Épaisseurs. — L'épaisseur du métal est, au tonnerre, de 0,7 à 0,9 du calibre pour les pièces lisses en bronze, et de 1 à 1,2 pour celles en fonte; à la volée elle n'est plus que de $^1/_2$ à $^1/_3$ de ce qu'elle est au renfort. Pour les canons rayés les épaisseurs sont :

	CANONS en fonte.	CANONS en bronze.	CANONS en acier fondu.
Au renfort	1,25	0,80	0,60
A l'endroit le plus mince	0,50	0,40	0,30

Mortiers. — Le mortier à fût (petit mortier de 78^{mm} de diamètre monté sur un fût d'environ un mètre de long) et le mortier à main n'ont pas de tourillons; ils font corps avec une semelle sur laquelle leur axe est incliné à 45°; les autres mortiers lisses ont leurs tourillons à l'extrémité de la culasse, d'où résulte une prépondérance de volée presque égale au poids total de la bouche à feu; celui de 28ᶜ, adopté en 1861 sous le nom de mortier de 50, présente, comme particularité à signaler, de petites saillies au nombre de six, situées à l'intérieur sur l'arrondissement qui relie l'âme avec la chambre; elles sont destinées à amener forcément le centre de la bombe dans l'axe du mortier et, en même temps, à ménager autour d'elle un espace annulaire par lequel les gaz passent pour venir mettre le feu à la fusée.

CANONS RAYÉS.

Métal des canons. — Les canons rayés sont : en acier fondu pour le service de campagne; en acier fondu et en bronze pour le service de siége; en bronze et en fonte pour le service de place ([1]).

L'acier fondu a l'avantage d'offrir une résistance bien plus grande, ce qui permet de réduire les épaisseurs de métal et de dépenser en augmentation de la longueur d'âme le bénéfice ainsi réalisé sur le poids de la pièce. C'est ce qui a été fait; si l'on compare, par exemple, les canons de 4 de campagne des artilleries prussienne autrichienne, française, on voit que leurs calibres sont de $78^{mm},1 — 81^{mm},2 — 86^{mm},5$ et qu'ils pèsent 65 fois, 72 fois, 80 fois le poids de leur projectile oblong respectif; le canon prussien est donc relativement plus léger que les autres, et cependant sa longueur d'âme est de 22 fois et demie son calibre, tandis que pour les deux autres, la longueur est seulement de 15 et de 16 fois.

Forme de l'âme. — Tous les canons rayés de l'artillerie prussienne se chargent par la culasse. La partie postérieure de l'âme est lisse et d'un diamètre un peu plus grand que la partie antérieure qui est comme un écrou à pas très-allongé; nous donnerons, comme on le fait pour les canons se chargeant par la bouche, aux creux la dénomination de *rayures*, et aux filets ou reliefs celle de *cloisons*.

Le projectile est recouvert d'une enveloppe en plomb dont le diamètre est le même que celui de l'âme au fond

---

([1]) Les canons de 6 de place en acier fondu (v. le tableau ci-dessus) appartiennent à des modèles qui n'ont pas été reconnus propres au service de campagne auquel ils étaient destinés primitivement; on n'en construit pas de nouveaux.

des rayures; lorsque l'explosion de la charge le chasse en avant, cette enveloppe est entaillée par les cloisons, et le projectile, ainsi complètement forcé dans l'âme, prend son mouvement de rotation comme le font les balles dans les armes portatives. La partie lisse, qui a seulement la longueur nécessaire pour recevoir le projectile et la charge, est reliée avec la partie rayée par une portion tronconique sur laquelle les cloisons prennent naissance : elles commencent ainsi par une sorte de biseau et leur pénétration dans l'enveloppe se fait graduellement.

Profil des cloisons. — Rayure en coin. — Le profil des cloisons est un trapèze à angles arrondis. Dans les bouches à feu dont la construction est la plus récente, leur largeur n'est pas uniforme ; elle est moindre à la naissance et va en augmentant jusqu'à la bouche du canon où elle devient environ une fois et demie plus grande (voy. planche I, figure 1). Cette disposition, appelée *rayure en coin*, assure la régularité du forcement et celle du mouvement de rotation, car le projectile se trouve ainsi toujours en contact intime avec les flancs des cloisons, tandis que dans le cas où ceux-ci sont parallèles, les flancs des rainures creusées sur sa surface s'usent par le frottement et il arrive à la bouche de la pièce avec un certain jeu.

Le tableau suivant fait connaître les principales données relatives aux rayures :

BOUCHES A FEU.	FORME des rayures.	PAS en mètres.	PAS en calibres.	INCLINAISON.	PROFONDEUR en millimètres.	NOMBRE.	OBSERVATIONS.
de 8ᶜ	en coin.	3,77	48	3°45'	1,3	12	Pour les rayures en coin, le pas et l'inclinaison sont mesurés sur le flanc antérieur, c'est-à-dire celui qui principalement conduit le projectile et correspond au *flanc de tir* des canons se chargeant par la bouche.
de 9ᶜ	parallèles.	4,70	52	3°29'	1,3	18	
de 12ᶜ	en coin.	4,70	39	4°35'	1,3	18	
court de 15ᶜ	en coin.	5,70	45	4°00'	1,6	24	
de 15ᶜ en acier fondu	en coin ...	7,80	52	3°25'	1,6	24	
de 15ᶜ en bronze et en fonte.	parallèles.	9,40	62	2°50'	1,6	18	
Mortier de 21ᶜ	en coin.	5,85	25	7°00'	2,6	30	

FERMETURE DE CULASSE.

Trois systèmes sont employés pour la fermeture de culasse : le système *Wahrendorff*, appelé fermeture à piston (*Kolbenverschluss*), le système *Kreiner* plus ou moins modifié, appelé fermeture à coins (*Keilverschluss*), enfin le système *Krupp*, appelé fermeture à coin cylindro-prismatique (*Rundkeilverschluss*). Le premier est le plus ancien (1861); le second a été appliqué à toutes les bouches à feu de l'artillerie de terre construites depuis 1864 ; le troisième n'a été appliqué d'abord qu'aux plus gros calibres (marine), mais il paraît devoir entrer aussi dans l'artillerie de campagne, et est actuellement en service dans le régiment d'artillerie de campagne du 12e Corps d'armée.

FERMETURE A PISTON.
(Pl. I, fig. 2.)

Ce mode de fermeture se trouve dans le canon de 9^c de campagne, dans une partie des canons de 9^c de place en acier fondu, enfin dans les canons de 9^c et de 15^c en fonte construits en 1862. Il se compose des pièces suivantes :

1° Un piston en fer forgé (pl. I, fig. 2b et 2c); sa tête cylindrique est garnie d'une plaque en acier fondu (a_1) qui forme le fond de l'âme; le corps, terminé latéralement par des faces planes, est percé de deux ouvertures, l'une circulaire dans laquelle passe la pièce dont on va parler, l'autre elliptique ayant simplement pour objet d'alléger le système. Ce corps prismatique traverse une ouverture de même forme pratiquée dans une portière qui ferme la bouche à feu et se termine au dehors par une vis a.

2° Un cylindre (fig. 2e et B fig. 2b) en acier fondu, mobile dans une mortaise M (fig. 2, a) qui traverse la bouche à feu de part en part; l'ouverture du piston correspond à cette mortaise et le cylindre, agissant à la façon d'un verrou, le maintient très-solidement. Le cylindre se termine du côté droit par une poignée b, sous laquelle est un disque mobile b_1 muni d'un crochet; ce disque, d'un diamètre un peu plus grand que celui du cylindre, et relié à la bouche à feu par une chaîne N qu'on agrafe à son crochet, empêche d'enfoncer ou de sortir le cylindre plus qu'il n'est nécessaire.

3° Une portière en bronze (primitivement en fonte) reliée à la bouche à feu par une charnière dont la goupille est représentée en C; elle a un vide intérieur dans lequel se loge la tête cylindrique du piston lorsqu'il est entièrement tiré; on peut alors faire tourner tout le système, le rabattre du côté gauche de la pièce, démasquer ainsi l'entrée de l'âme et y introduire le chargement.

4° Une manivelle en fer forgé (fig. 2 f, et D fig. 2 b); elle se compose de deux bras dont l'un est terminé par une boule, d'un col et d'un plateau qui s'appuie par l'intermédiaire d'une rondelle en cuir, sur la face postérieure de la portière; elle est percée d'un écrou dans lequel passe la vis qui termine le piston, et une clavette E limite le mouvement qu'on peut lui donner vers l'arrière. Cette manivelle sert d'abord de poignée pour enfoncer ou retirer le piston, et ensuite, lorsque le cylindre transversal B est en place, à serrer fortement l'une contre l'autre ces deux parties essentielles de la fermeture; à cet effet, on tourne la manivelle de manière à ramener complètement le piston contre le cylindre, et le bras qui est muni d'une boule doit alors se trouver à droite et un peu plus bas que l'axe de la vis. Il est indispensable que cette position soit réalisée lorsqu'on fait feu, sans quoi le piston, repoussé en arrière par l'explosion, viendrait choquer violemment le cylindre et pourrait le fausser ou se briser lui-même.

Obturateur en carton. — Comme le piston doit avoir du jeu pour qu'il soit possible de le retirer ou de l'enfoncer, il ne suffirait pas pour fermer hermétiquement le fond de la chambre et empêcher toute fuite de gaz; la fermeture est complétée au moyen d'un obturateur en carton (*Pressspahnboden*) (planche I, fig. 3) en forme de fond

de bouteille qui, pressé par les gaz contre la tête du piston et les portions adjacentes de l'âme, bouche le vide
existant autour du piston ; il est percé en son milieu d'un
trou qui permet de l'enlever plus facilement après le tir.
Pour les gargousses destinées au tir de plein fouet des
pièces de campagne, cet obturateur est collé contre le
culot ; dans tous les autres cas il est séparé de la gargousse.

FERMETURE A COINS.
(Pl. II, fig. 10, 11, 12.)

Dans ce système, la pièce de fermeture se compose de
deux coins en acier fondu, appliqués l'un contre l'autre
suivant leurs faces obliques et formant par leur réunion
un prisme à section rectangulaire ; ce prisme, dans lequel
le plan de joint est perpendiculaire aux faces inférieure
et supérieure, est introduit dans une mortaise horizontale
de même forme qui traverse de part en part l'arrière du
canon, et sa face antérieure forme le fond de l'âme. En
déplaçant l'un par rapport à l'autre les deux coins qui
composent ce prisme, on peut, à volonté, augmenter ou
diminuer son épaisseur : — par l'augmentation d'épaisseur, on le serre très-fortement contre les faces antérieure
et postérieure de son logement : il fait alors, pour ainsi
dire, complètement corps avec la bouche à feu, et au moment du tir il n'éprouve pas de chocs dans son logement,
chocs qui le briseraient infailliblement ; — par la diminu-
tion d'épaisseur, on lui rend le jeu qui est nécessaire pour
qu'on puisse le retirer tout d'une pièce, ouvrir la bouche
à feu et introduire le chargement. Afin qu'il ne soit pas
nécessaire de le sortir tout à fait, les deux coins, ou seulement l'un d'eux, portent sur leur prolongement une
ouverture circulaire qui a le diamètre de l'âme et qui
vient se placer de manière à former avec celle-ci un
cylindre unique. Quant au mouvement relatif des deux
coins, il est obtenu au moyen d'une vis ou d'une

manivelle qui sont toujours adaptées au coin de derrière :
aussi celui-ci s'appelle souvent le *coin mobile*. Sur la face
antérieure du coin de devant et noyée dans son épaisseur,
est fixée une plaque en acier qui forme le fond de l'âme
et peut se remplacer facilement en cas de rupture ; cette
plaque a deux oreilles qui débordent les faces supérieure
et inférieure du prisme et glissent dans des rainures pratiquées dans les parois de la mortaise ; elle est tantôt
pleine et tantôt évidée, et ces deux formes correspondent
à deux systèmes d'obturation qui sont appliqués l'un ou
l'autre suivant le cas. Dans le premier système, à plaque
pleine, l'obturation est faite par un culot en carton semblable à celui qui a été décrit pour le canon de 9° ;
dans le second système, la plaque présente un évidement
d'un diamètre un peu plus grand que celui de l'âme ; sur
le pourtour de cet évidement, est appliqué un anneau en
cuivre (planche I, fig. 4) ayant pour section un triangle
rectangle dont l'hypoténuse est tournée vers le milieu de
la plaque ; au moment du tir, les gaz dilatent cet anneau,
l'appliquent fortement contre le joint et se ferment ainsi
toute issue.

Tel est le principe de la fermeture à coins. Il est réalisé
sous des formes différentes dans chaque espèce de bouche
à feu ; on peut néanmoins ramener toutes ces formes à
trois types principaux, qui se trouvent : 1° dans le canon
de 8° de campagne, modèle 1864, et dans le canon de 9°
construit à la même époque comme pièce de campagne,
mais classé depuis dans le service de place (¹) ; 2° dans les
canons rayés de siége et de place autres que celui dont
nous venons de parler (12° et 15° en bronze, 15° en acier
fondu, 9° et 15° en fonte) ; 3° dans le canon de 8° de campagne, modèle 1867.

1° **Fermeture modèle 1864 pour le canon de 8° de campagne.** —

_____

(¹) L'explosion de quelques-unes de ces pièces fit conserver le canon de 6, modèle
1861, pour le service de campagne, et, en classant la nouvelle bouche à feu dans le
service de place, on réduisait sa charge minimum de 1 livre 4 dixièmes à 1 livre 2 dix.

La partie postérieure de la pièce, qui renferme le mécanisme de fermeture et qu'on appelle le *renfort carré* (*der Vierkant*) a la forme d'un parallélipipède dont les arêtes et les coins sont arrondis ; elle se raccorde par des arcs de cercle avec la volée qui est conique ; la mortaise présente deux rainures antérieures *aa* (planche II, fig. 10 *b* et 10 *c*) dans lesquelles glissent les oreilles de la plaque en acier, et deux rainures postérieures *bb* dans lesquelles glissent des languettes assez larges portées par le coin de derrière. Le coin de devant (planche II, figure 10 *c*) est recourbé vers l'arrière à son extrémité gauche, et cette portion recourbée, qu'on appelle le *nez*, embrasse la tige de la manivelle. Le logement creusé sur la face antérieure pour recevoir la plaque, présente une cheville *d* qui pénètre dans un trou pratiqué dans le derrière de celle-ci et en assure la stabilité. — La plaque est pleine et par conséquent l'obturation se fait au moyen du culot en carton ; la bouche à feu est toujours accompagnée d'une plaque pleine de rechange et en outre, d'une plaque évidée avec anneau expansif en cuivre ; cette dernière n'est employée qu'en cas de besoin, c'est-à-dire lorsque les deux plaques pleines sont hors de service ou que les obturateurs en carton font défaut. Le bord droit du logement de la plaque est en effet trop faible pour résister sûrement à la pression qui, dans ce mode d'obturation, s'exerce sur lui perpendiculairement : il est arrivé plusieurs fois qu'il a cédé et que les gaz, agissant alors sur le coin du devant pour le pousser du côté gauche et sur celui de derrière pour le pousser du côté droit, ont détérioré le mécanisme tout entier et la bouche à feu elle-même.

Le coin de derrière (planche II, figure 10 *d*), beaucoup plus long que celui de devant, porte à son extrémité droite l'ouverture cylindrique qui doit, pour le chargement, faire communiquer ensemble les deux parties de l'âme ; cette ouverture, appelée *fausse âme*, n'est autre chose

qu'une sorte de gaîne en fer forgé, vissée dans le prolongement du coin ; elle a une petite mortaise *f* dans laquelle,
quand les coins sont desserrés, se loge un tenon porté
par le coin de devant. Du côté opposé à la fausse âme,
le coin se termine par une vis qui s'engage dans la tige
de la manivelle. Au milieu de la face supérieure du coin
est creusée une gorge *g* dans laquelle pénètre l'extrémité
d'une vis d'arrêt *V* (planche II, figure 10 *c*) traversant la
paroi supérieure du renfort carré ; lorsqu'on tire le mécanisme, cette vis arrête le mouvement juste au moment
où la fausse âme vient correspondre à l'âme du canon.
Lorsqu'on veut sortir les coins tout à fait, on n'a qu'à
dévisser la vis d'arrêt *V* ; mais il est rare qu'on ait besoin
de les sortir, au moins pendant la durée du tir ; un
dégorgement *D* pratiqué sur la face gauche du canon,
permet, lorsque le mécanisme est dans la position du
chargement, de voir entièrement la plaque d'acier et de
l'essuyer après chaque coup.

Manivelle. — La manivelle est en bronze et a deux bras
qui sont creux pour plus de légèreté. Elle a un triple
objet à remplir : 1° elle sert à serrer les coins ou à les
desserrer ; 2° elle sert de poignée pour manier le mécanisme tout entier, soit qu'il s'agisse de le retirer ou de
l'enfoncer ; 3° enfin elle arrête le mécanisme au point
convenable d'enfoncement par son embase *P* qui vient
buter contre la face gauche du renfort carré. Cette embase est circulaire sur tout son pourtour, excepté en une
portion où un segment de cercle a été enlevé ; une pièce
fixée sur le renfort, dite *pièce d'arrêt*, se recourbe en
équerre de son côté et en recouvre le bord, à moins
qu'on n'ait justement amené en face d'elle cette portion
rectiligne ; on ne peut donc tirer la manivelle que lorsqu'elle est dans une position déterminée qui est celle correspondant à un desserrage convenable des coins, et il
n'y a pas à craindre que le mécanisme, glissant malgré
le serrage, s'ouvre tout seul pendant les marches.

En dedans de l'embase, la manivelle présente un col *c* qu'embrasse la partie recourbée du coin de devant, et un épaulement *K* qui sert à compléter avec la mortaise *f* l'assemblage des deux coins; toute cette portion de la manivelle forme un écrou dans lequel engrène la vis du coin postérieur.

Jeu de l'appareil. — Lorsque la pièce est fermée et les coins serrés, les bras de la manivelle sont horizontaux et le centre de la plaque d'acier est sur l'axe de la pièce. Si on fait faire à la manivelle trois quarts de tour, on aura amené vis-à-vis de la pièce la partie rectiligne de l'embase, le coin de derrière se sera déplacé vers la gauche, celui de devant se sera porté vers l'arrière, et sa face antérieure ne pressera plus contre la bouche à feu. On pourra alors tirer le mécanisme et exécuter le chargement.

Cadre. — Un cadre en bronze *R* (planche II, fig. 10 *c*) fixé par quatre vis sur le côté droit de la pièce, entoure l'orifice de la mortaise dans laquelle se meuvent les coins; il sert à préserver de tout choc les arêtes de la mortaise et la portion des coins qui dépasse dans la position de fermeture.

2° Fermeture de culasse dans les canons de siège et de place (pl. II, fig. 11). — Dans les pièces de siège et de place construites en 1864 et 1865, on a apporté au mécanisme que nous venons de décrire quelques modifications de détail ayant pour but d'augmenter la solidité. Le coin de devant est aussi long du côté droit que celui de derrière : le trou de chargement n'est donc plus constitué par un entonnoir vissé dans ce dernier coin, mais par deux ouvertures pratiquées dans les deux coins et se correspondant lorsque le mécanisme est tiré. Du côté gauche le coin de devant est plus long que celui de derrière, au moins dans le canon de 12ᵉ qui est celui représenté planche II, figure 11, et son nez rejeté tout à fait au dehors de la pièce, entoure en entier le col de la manivelle; c'est l'embase de ce nez et non plus celle de la

manivelle qui limite l'enfoncement des coins. La vis
d'arrêt qui sert à limiter leur sortie, est placée, non plus
sur la paroi supérieure mais sur la paroi postérieure de la
pièce. La manivelle est reliée au coin postérieur par une
disposition inverse de celle déjà décrite, c'est-à-dire que
l'écrou est creusé dans le coin et que la vis est formée par
un prolongement de la tige de la manivelle; les bras, qui
ne sont plus dans le prolongement l'un de l'autre, sont en
fer forgé et sertis sur un manchon fixé par une clavette à
l'extrémité de cette tige. L'obturation se fait exclusivement
au moyen de l'anneau expansif en cuivre. Dans les pièces
en bronze, une bague h en acier fondu, d'environ 3 centimètres de large, est encastrée dans le bronze et forme
la paroi cylindrique du fond de la chambre.

3° Fermeture modèle 1867 pour le canon de 8ᶜ de campagne
(planche II, fig. 12). — En 1867, on a modifié, pour
les nouvelles pièces à construire, le mécanisme du
canon de 8ᶜ de campagne, reconnu décidément trop
faible, et on a adopté un modèle ressemblant beaucoup
à celui des pièces de siége et de place. Le coin de devant, en fer forgé, est prolongé du côté droit comme
celui de derrière et il le dépasse du côté gauche; le
manchon qui sert à fixer la manivelle sur la tige s'ouvre
à sa partie inférieure en forme de cloche et recouvre
le tout. La base circulaire de cette cloche a, sur son
pourtour, une portion rectiligne pq qui doit se trouver
en face de la pièce d'arrêt pour qu'on puisse ouvrir
le mécanisme; de l'autre côté, elle a des dents qui
occupent environ 1/3 de la circonférence; quand le mécanisme est fermé, on engage dans une de ces dents un lo-
quet l qui empêche la manivelle de tourner toute seule
par l'effet des secousses produites en marche. — Le coin
de derrière, en fer forgé dans quelques pièces, en acier
fondu dans d'autres, a ses arêtes fortement arrondies. —
La vis d'arrêt est remplacée par une tige en acier et un
ressort à boudin traversant la partie postérieure de la

pièce. L'obturation se fait comme dans le système de 1864 ;
le coin de devant ayant été allongé dans les deux sens, on
pourrait sans danger employer exclusivement la plaque
avec anneau expansif ; mais on y a renoncé pour raison
d'uniformité. Dans les marches, et quand on n'a pas besoin
de se tenir prêt à tirer, on enlève complètement le mécanisme et on le remplace par une pièce en bois de même
forme ; en outre on recouvre la culasse toute entière avec
une coiffe en cuir, afin que la poussière ne puisse pas
s'introduire dans la mortaise.

SYSTÈME KRUPP.
(Pl. II, fig. 13.)

Dans le système Krupp, la fermeture est opérée par un
coin unique, mobile dans une mortaise dont la section
verticale est arrondie à l'arrière suivant un demi-cercle,
et dont la section horizontale est un trapèze ayant sa base
antérieure perpendiculaire à l'axe de la bouche à feu et
sa base postérieure légèrement oblique à cet axe. Le coin
est une pièce en acier de même forme ; vers son extrémité
droite, il est percé de part en part d'un trou qui constitue
la fausse âme, et dont l'avant est garni d'une couronne en
bronze *M* ; grâce à une dent qui glisse dans une rainure
inférieure *s*, légèrement oblique, cette couronne s'avance,
lorsqu'on tire le coin, de manière à supprimer toute solution
de continuité entre la fausse âme et l'âme du canon. Du
côté gauche et à l'arrière, le coin a une excavation servant
de logement à la *vis de fermeture D* ; la tête de cette vis
traverse une plaque *F* vissée contre la face gauche du
coin, et une manivelle *G* y est appliquée ; son écrou cylindrique *E* présente des bourrelets parallèles, qui ne règnent que sur une moitié de la circonférence, et auxquels
correspondent des excavations de même forme *O*, creusées dans la paroi postérieure de la mortaise. Le coin étant
dans la position de tir, si on fait tourner la manivelle de

la droite vers la gauche, la pression exercée par la vis contre la plaque F le forcera de se desserrer ; alors l'écrou D sera desserré aussi et tournera avec la vis jusqu'à ce qu'il soit arrêté par une dent H, placée de telle sorte que l'arrêt se produise lorsque les bourrelets seront complètement sortis de leurs logements O, en présence desquels sera venue une partie lisse du cylindre. Pour les petits calibres, on amène alors le coin à la position de chargement, comme dans le système Kreiner, en tirant la poignée G qui, dans ce cas, est fixée à demeure sur la tête de la vis; pour les pièces de très-gros calibre, le mouvement se produit au moyen d'une deuxième vis B, à pas très-allongé, dont l'écrou est creusé dans la partie supérieure de la mortaise et sur laquelle on transporte la manivelle G, alors mobile.

Dans ce système de fermeture, l'obturation est toujours produite avec l'anneau *Broadwell*, le plus efficace des moyens connus jusqu'à ce jour. L'anneau Broadwell, représenté plus en grand (planche II, figure 14), est logé, non pas dans une excavation de la plaque d'acier S, mais dans une fraisure creusée à l'orifice du canon. L'expansion des gaz applique son bord extérieur gg contre cette fraisure et sa base contre la plaque S; trois petites gorges circulaires creusées sur cette base diminuent les chances de fuite, car un filet gazeux arrivant dans l'une d'elles y trouve tout à coup un espace relativement très-considérable qui lui fait perdre sa tension et l'empêche d'aller plus loin; on a, en effet, reconnu à *posteriori* que si les gaz pénètrent quelquefois dans la gorge la plus rapprochée du centre, ils n'arrivent jamais dans la plus éloignée.

DIMENSIONS PRINCIPALES

DES

BOUCHES A FEU PRUSSIENNES.

Le tableau suivant fait connaître les principaux éléments relatifs aux bouches à feu de l'artillerie prussienne. (Ce qui concerne les rayures a été donné plus haut.)

BOUCHES A FEU.	DIAMÈTRE de l'âme, en millimètres.	Longueur d'âme, en calibres, chambre non comprise.	POIDS EN KIL., y compris la pièce de fermeture.	DÉNOMINATION et poids du projectile principal, en kilogrammes.	Rapport du poids de la pièce à celui du projectile principal.
Canon de 8ᶜ ac. fondu f. à coins	78,5	19	290	obus— 4,25	70
Canon de 9ᶜ id. f. à coins	91,5	16,8		obus— 6,29	61
id. f. à piston	91,5	17,5	425		
Canon de 9ᶜ en fonte f. à piston	91,5	»			
id. f. à coins	91,5	17	675	obus— 6,29	97
Canon de 12ᶜ bronze f. à coins	117,7	18	900	obus—14,5	59
Canon de 15ᶜ fonte f. à piston	149,0	15,5	2810		
id. f. à coins	149,0	15	2500	obus—28,58	88 à 100
Canon de 15ᶜ bronze f. à coins	149,0	15,5	2625		
Canon de 15ᶜ ac. fondu f. à coins	149,0	15,5	2525		
Mortier de 21ᶜ bronze f. à coins	209,0	5,5	1800	obus—80	20,25
Canon lisse de 7ᶜ bronze, fonte	73,2	19	225	boulet—1,4	160
Canon lisse de 9ᶜ id.	91,5	17	400	boulet—2,8	185
Canon lisse de 12ᶜ en bronze	117,7	12,5	450	obus— 4,45	100
Mortier lisse de 15ᶜ en bronze	143,8	1,5	75	bombe— 7,8	10,5
Mortier lisse de 23ᶜ en bronze	226,4	1,5	434	bombe—30,0	14
id. en fonte	226,4	1,5	540	bombe—30,0	18
Mortier lisse de 28ᶜ en bronze	287,6	1,5	800	bombe—60,0	13
id. en fonte	287,6	1,5	980	bombe—60,0	16

II.

AFFUTS ET VOITURES.

Les affûts de campagne et de siége adoptés en Prusse n'ont pas de flèche; ils se composent de deux flasques longs et parallèles, dont les extrémités forment la crosse. Ces flasques sont reliés entre eux par des boulons et des entretoises; dans leur intervalle est installé l'appareil de pointage et souvent il y a un coffret.

Ce système d'affût, qui n'est autre que le système Gribeauval, et qui est adopté aussi en Saxe, en Bavière, en Autriche, en Russie, etc., a, relativement au système à flèche, les désavantages suivants : 1° la crosse est plus lourde, d'où il suit que les petits déplacements latéraux nécessités par le pointage sont moins rapides, que les mouvements d'ôter et de remettre l'avant-train se font moins facilement, que la pression de l'arrière-train sur le crochet cheville-ouvrière est plus considérable, etc.; 2° le corps de voiture est plus large, d'où il suit que pour ne pas diminuer le tournant, il faut faire les roues de l'avant-train plus basses que celles de l'arrière-train, disposition qui est moins favorable pour le tirage. En revanche, le système présente les avantages qui suivent : 1° il est dans de meilleures conditions pour résister à l'action du tir, parce que, dans les affûts à flèche, on est obligé d'affaiblir celle-ci par le logement de l'écrou de la vis de pointage, à moins qu'on ne la compose de deux demi-flèches séparées; 2° il permet de pointer la pièce sous des angles beaucoup plus grands, puisque la culasse peut descendre entre les flasques.

Les affûts destinés au service des canons rayés sont du modèle 1864 et au nombre de cinq, savoir : les affûts de

campagne de 8ᶜ et de 9ᶜ, les affûts de siége de 9ᶜ, de
12ᶜ et de 15ᶜ.

AFFUTS ET VOITURES DE CAMPAGNE.

Les affûts de campagne ont la forme représentée planche III, figure 15 *a*. Les particularités qui présentent le
plus d'intérêt sont les suivantes :

1° *Appareil de pointaye* (planche III, fig. 16). La culasse de la bouche à feu repose sur un coussinet en bois
A fixé au-dessus d'une tige creuse en fer *B*; celle-ci
peut tourner autour d'un axe de rotation horizontal placé
derrière l'entretoise de devant et formé par deux boulons situés sur le prolongement l'un de l'autre; ces boulons traversent les têtes de deux fourches dont les branches
supérieures sont assemblées avec le haut, et les branches
inférieures avec le bas de la tige *B*; ces deux dernières
se prolongent en arrière de la tige et s'articulent avec le
bout de la vis de pointage. La vis de pointage est double :
elle se compose d'une vis extérieure en fer forgé et d'une
vis intérieure en acier fondu, à laquelle la première sert
d'écrou; c'est avec la vis intérieure que s'articule l'appareil que nous venons de décrire. La vis extérieure traverse un écrou qui repose sur les flasques par deux tourillons maintenus au moyen de susbandes; elle se termine
à sa partie supérieure par une roue horizontale portant
une petite poignée verticale. Les deux vis sont filetées au
même pas, et en sens contraire l'une de l'autre : il en
résulte que la vis intérieure fait un pas hors de la vis extérieure, lorsque celle-ci descend elle-même d'un pas dans
son écrou, ce qui double la vitesse angulaire avec laquelle
l'axe de la bouche à feu se déplace dans l'opération du
pointage. Cet appareil, particulièrement la double vis qui
en forme la base essentielle, a été inventé par un nommé
Mallet, et proposé par lui à l'amirauté anglaise, en 1856 et

1858 (¹); il est plus compliqué et plus lourd que les autres dispositifs, mais l'opération du pointage est plus rapide; en outre la vis n'éprouve, au moment où le coup part, qu'un effort dirigé suivant son axe et, par suite, n'est pas exposée à se fausser.

2° *Siéges pour les servants* (planche III, fig. 15 *a* et *d*). Dans l'affût de 8°, deux siéges sont placés sur l'essieu, entre les flasques et les roues. Chacun d'eux se compose d'une carcasse en fer, fixée par trois supports, dont deux sont sur l'essieu et un sur le tirant en fer qui unit l'essieu aux flasques; ces supports consistent en une tige verticale maintenue par un étrier qui embrasse l'essieu ou le tirant, et entourée par des cylindres en caoutchouc, alternant avec des rondelles en fer : on a voulu atténuer ainsi l'effet des fortes trépidations que les siéges doivent éprouver aux allures vives, mais il paraît qu'on n'y a réussi qu'imparfaitement. La carcasse est formée par une bande de fer bifurquée, dont le sommet et les deux branches sont assemblés à clavette à l'extrémité des tiges des supports; les deux branches se replient par le bas et sont reliées par une traverse formant marchepied. Le siége lui-même est formé par une feuille de tôle fixée sur ces branches par des rivets; il fait face du côté de la bouche de la pièce; il a un dossier formé de baguettes verticales dont les intervalles sont remplis par un treillage en cuivre, et dont les extrémités supérieures sont réunies par une barre horizontale; ce dossier est plus élevé du côté de la roue, et sa hauteur devient nulle près du flasque. Deux poupées, revêtues en caoutchouc et fixées, l'une sur la tête du flasque, l'autre à la partie la plus avancée du dossier du côté de la roue, fournissent un appui à l'homme qui est assis

---

(¹) On lit dans l'*Engineer* du 17 décembre 1869 : « The combination was at that date not only new to military purposes, but was absolutely new to mechanics as a mechanical expedient, being radically distinct from Hunter's screw or of any other then known combination of screws. It was however reported against as not new by the select Committee. Those designs were, after some time, published by Mr Mallet, and here we have his plan adopted by the Prussian government without even mention of the inventor's name. »

sur le siége. L'essieu est en acier fondu et cylindrique ; il a des méplats pour les brides d'assemblage avec les flasques, et pour les étriers des supports de siége. Les servants assis sur les siéges forment avec trois autres, assis sur l'avant-train, tout le personnel strictement nécessaire pour l'exécution du feu ; comme il y a quarante-huit coups dans le coffre de l'avant-train, on voit que la pièce peut se porter au trot à une assez grande distance du caisson, et se suffire à elle-même pendant un certain temps.

3° *Roues* (planche III, fig. 17). Le moyeu des roues est en bronze ; les rais, au nombre de douze, sont serrés entre deux disques, l'un mobile, l'autre venu de fonte avec le corps du moyeu ; leurs extrémités se touchent toutes et remplissent entièrement l'espace compris entre ces deux anneaux ; ceux-ci sont reliés entre eux par douze boulons qui traversent les rais. Ce mode d'assemblage des rais permet de leur donner plus d'épaisseur à la patte, puisqu'on n'est pas limité par les dimensions de la mortaise ; il permet encore, ce qui paraît constituer un avantage sérieux, de remplacer un rai sans avoir à démonter l'ensemble des jantes.

Avant-train. — L'avant-train ne présente rien de particulièrement remarquable ; l'attelage est à six chevaux. Les deux trains sont réunis par le système à contre-appui.

Autres voitures. — Le caisson (*Munitionswagen*) et les autres voitures de campagne (*Vorrathswagen*, chariot ; *Feldschmiede*, forge), comprises sous la dénomination commune de *Administrations-Fahrzeuge*, sont des modèles 1842, 1864 et 1869. Le caisson porte un coffre unique, assez large, dont le chargement sera donné plus loin. La voie de toutes les voitures de campagne est de 1^m,53.

AFFUTS DE SIÉGE.

Les affûts de siége pour les canons rayés de 9^c, 12^c et 15^c ont la forme représentée planche III, figure 18. Les flasques sont en bois; les tourillons de la bouche à feu ne sont pas logés dans les flasques eux-mêmes, mais dans des armatures en fer, appelées *hausses de flasque*, qui les élèvent à environ $1^m,50$ de hauteur. Chacune de ces armatures se compose d'un montant qui a, à peu près, la direction de la tête du flasque et d'un arc-boutant qui est incliné d'environ 45° vers l'arrière. Dans l'affût de 12ᶜ et celui de 15ᶜ, la bouche à feu a une *position de route* différente de la *position de tir;* l'encastrement des tourillons, pour la première position, est marqué sur le flasque en M. L'appareil de pointage se compose de deux bras en fer qui peuvent tourner autour d'un axe situé au-dessus des tourillons, et embrassent, à leurs extrémités, un coussinet K en bronze; celui-ci, qui supporte la culasse de la bouche à feu, est formé de deux morceaux entre lesquels existe une cavité sphérique; la vis de pointage a, au-dessus de la roue à manivelle, une tête en forme de boule qui s'engage dans cette cavité; elle est simple et traverse un écrou qui porte sur les flasques par deux tourillons autour desquels il peut tourner. On a adopté, en 1865, un avant-train en fer pour l'affût de 12ᶜ.

L'affût du mortier rayé de 21ᶜ se compose de deux flasques réunis par des boulons et des entretoises, surmontés chacun d'un *support de tourillon* en fer forgé analogue à celui qui vient d'être décrit. A l'avant se trouve un essieu en fer forgé, traversé par deux vis verticales et mobiles de bas en haut dans des coulisses. Pour la marche, il est le plus bas possible; en faisant tourner les vis, les faces inférieures des flasques s'approchent peu à peu du sol et les roues finissent par être soulevées; on les retire alors, et l'affût se trouve dans la position de tir.

III.

PROJECTILES.

PROJECTILES LANCÉS PAR LES BOUCHES A FEU LISSES.

Les bouches à feu *lisses* lancent :

des *boulets* (canons);

des *obus* ou des *bombes* (canons courts, obusiers, mortiers);

des *shrapnels* ou obus à balles (canon court de 12ᶜ);

des projectiles *incendiaires* et des projectiles *éclairants* (obusiers et mortiers);

de la *mitraille* (canons et obusiers, mortier de 28ᶜ).

Obus et bombes. — La capacité *intérieure* des obus et des bombes présente des formes très-variables : tantôt elle est *sphérique* et *concentrique* à la surface extérieure, comme dans la planche III, figure 22 ; tantôt elle est *sphérique* et *excentrique*, comme dans la planche III, figure 23 ; tantôt enfin, comme dans la planche III, figure 20, elle est *excentrique* et *ellipsoïdale*, forme qui permet d'augmenter davantage la distance des centres. Dans les deux derniers cas, le diamètre, qui passe par les centres des surfaces intérieure et extérieure, s'appelle *l'axe de l'obus*; les points où il rencontre la surface extérieure s'appellent les *pôles*, et celui des deux pôles qui est le plus éloigné du centre de gravité, est marqué d'un coup de poinçon; la lumière en est distante d'un quart de circonférence. L'obus est relié à la charge de manière que la lumière forme le sommet de la cartouche et, par suite, que le pôle en question soit sur la partie cylindrique; en chargeant la pièce, on a soin de le placer en dessus, de manière à faire prendre à l'obus un mouvement de rotation autour d'un axe perpendiculaire au plan de la trajectoire, de dessous en dessus pour l'hémisphère antérieur, mouvement qui a pour effet d'augmenter la portée (1).

Shrapnel. — Le shrapnel de 12ᶜ, qui est représenté par la planche III, figure 21, et qui est le seul projectile sphérique de ce genre, a deux ouvertures taraudées : l'une, destinée à recevoir la fusée, est placée sur le prolongement d'une chambre cylindrique intérieure R qui contient la charge d'éclatement ; l'autre est placée sur le grand cercle perpendiculaire à cette chambre et sert à introduire les balles. Ce projectile est du modèle 1831-46 ; il lui a été adapté, en 1863, une fusée à durée métallique.

Enfin le canon lisse de 12ᶜ et celui de 15ᶜ peuvent lancer un projectile particulier appelé *projectile-turbine* ou *Demontirgeschoss*. Il est de forme cylindro-conique, garni de cannelures, terminé par une pointe très-obtuse, et fortement évidé du côté opposé à la tête ; dans l'intérieur de celle-ci sont creusés quatre canaux en hélice, prenant naissance au fond de l'évidement et venant déboucher sur la surface cylindrique. Les gaz, en sortant par ces évents, impriment au projectile un mouvement de rotation autour de la direction du mouvement. Adopté avant l'introduction des canons rayés, mais encore réglementaire en Prusse, ce projectile était destiné surtout à agir contre le matériel ; il a donné de très-bons résultats jusqu'aux distances de 7 ou 800 mètres ; au delà sa vitesse de rotation est trop diminuée et la trajectoire devient tout à fait irrégulière.

_____

(1) Pour que la rotation d'un pareil projectile soit stable, il faut qu'elle ait lieu, soit autour du grand axe d'inertie, soit autour du petit axe, et la stabilité sera plus grande si elle a lieu autour de celui de ces deux axes qui diffère le plus de l'axe moyen. Dans les projectiles prussiens, elle a toujours lieu autour du grand axe, mais la différence entre celui-ci et l'axe moyen y étant moindre que la différence entre l'axe moyen et le petit axe, la construction n'est pas irréprochable au point de vue théorique. Voyez pour plus de détails sur cette question : « Die excentrische Granate mit sphärischer und ellipsoïdaler Höhlung, sowie deren zweckmässigste Construction, mathematisch-artilleristische Studie, von Pfister, Leipzig, 1870 ».

Vent. — Le vent des projectiles est de :

0ᵖᵒ,10 pour les canons,

0ᵖᵒ,09 à 0ᵖᵒ,12 pour les mortiers.

PROJECTILES LANCÉS PAR LES BOUCHES A FEU RAYÉES.

Les bouches à feu rayées lancent :

un *obus ordinaire* (Granate) pour tous les calibres;

un *shrapnel* pour les calibres de 8ᶜ, 9ᶜ, 12ᶜ et 15ᶜ;

une *boîte à mitraille* pour les calibres de 8ᶜ et de 9ᶜ;

un *projectile massif*, en fonte dure, pour les calibres de 15ᶜ et au-dessus ; sa forme extérieure est semblable à celle de l'obus ordinaire.

1º OBUS ORDINAIRE.

L'obus ordinaire (planche I, figure 5), se compose essentiellement, pour tous les calibres, d'un noyau en fonte revêtu, sur une partie de son pourtour, d'une enveloppe en métal mou dont le plomb est la base. Il affecte la forme d'un cylindre droit terminé d'un côté par un culot plat et surmonté de l'autre, d'abord d'une étroite zône tronconique, puis d'une tête ovoïde. La partie cylindrique est formée, à la partie inférieure, par le pourtour extérieur du culot, et sur le reste de sa hauteur, par l'enveloppe en métal mou, sur laquelle se présentent des bourrelets au nombre de 4 (5 dans les premiers modèles construits). Ces bourrelets ont la forme de bandes cylindriques aux angles fortement arrondis, et leur diamètre extérieur est celui de l'âme au fond des rayures. Lorsque le projectile est en place dans le canon, sa partie tronconique correspond au raccordement de même forme qui unit la chambre avec la partie rayée, le premier bourrelet porte contre la naissance des cloisons et s'offre ainsi à leur action immédiate ; dès que commence le mouvement, celles-ci, dont la tête en biseau a d'abord peu de largeur relativement au pourtour total

de l'âme, pénètrent facilement dans le métal mou des bourrelets, le séparent sur les côtés de manière à ce qu'il rem-
plisse la cavité des rayures, et le refoulent en même temps
devant elles de façon que le métal en excès se loge dans
les intervalles ménagés entre les bourrelets.

On voit qu'il doit exister certaines relations entre la
largeur des rayures, celle des cloisons, le volume des
bourrelets et leur espacement. Si le volume des bourrelets est insuffisant, les rayures ne seront pas remplies,
la formation des filets sur le projectile sera imparfaite et
le forcement incomplet; s'il est trop considérable, il res-
tera, après que les rayures auront été remplies, une certaine quantité de métal mou qui ne trouvera plus à se
loger dans l'intervalle des bourrelets, et cette surabon-
dance aura pour résultat d'occasionner des pressions
nuisibles, peut-être même l'arrachement de l'enveloppe.
Une mesure convenable paraît avoir été obtenue à cet
égard dans les projectiles prussiens; on en voyait plusieurs
à l'Exposition de 1867 que l'on avait fait passer dans l'âme
du canon comme dans une filière, et qui présentaient, sur
leur surface, des filets hélicoïdaux d'une grande régularité.

Pose de l'enveloppe. — L'enveloppe en métal mou est
fixée sur le noyau de la manière suivante : le noyau présente, sur sa partie cylindrique, des bourrelets à section
trapézoïdale qui répondent aux bourrelets extérieurs de
l'enveloppe et doivent servir d'appui à celle-ci; ils ne
règnent pas d'une manière continue sur tout le pourtour
du noyau, ce qui aurait l'inconvénient de diviser l'enveloppe en bandes mal reliées entre elles, mais ils sont
interrompus sur une largeur égale à leur hauteur en
quatre points diamétralement opposés deux à deux. Pour
poser l'enveloppe, on se sert d'un moule composé de deux
coquilles demi-cylindriques, mobiles autour d'une charnière verticale; le noyau est placé, dans ce moule,
debout sur son culot; on referme sur lui les coquilles et
on verse le métal mou par un trou de coulée.

Les obus ordinaires renferment une charge de poudre qui les remplit entièrement et dont le poids est donné dans un tableau qu'on trouvera plus loin; on peut remplacer une partie de cette charge par des tubes *incendiaires*, et alors le projectile prend le nom d'*obus incendiaire (Brandgranate)*; ces tubes, qui ont 2 pouces de longueur sur un demi-pouce de diamètre, renferment une composition dont la combustion est très-vive et dure de 15 à 20 secondes; ils sont projetés au moment où le projectile éclate et mettent le feu aux matières combustibles dans le voisinage desquelles ils tombent. Les obus de 8ᶜ en reçoivent ordinairement quatre; ceux de 9ᶜ, six; ceux de 12ᶜ, huit, et ceux de 15ᶜ, douze. Jusque dans ces derniers temps, les coffres à munitions des batteries de compagne renfermaient toujours un certain nombre d'obus incendiaires : trois flammes rouges peintes sur leur tête distinguaient ces obus de ceux ne renfermant que de la poudre.

Moyens par lesquels s'obtient l'éclatement des obus ordinaires.

Pour l'obus de 15ᶜ et ceux des calibres supérieurs, lorsqu'ils sont tirés contre des plaques en fer, on ne met pas de fusée percutante, mais un simple bouchon à vis : dans ce cas l'élévation de température engendrée par le ralentissement très-considérable qu'éprouve le projectile dans un temps très-court, suffit, comme on le sait, pour déterminer l'inflammation spontanée de la poudre.

Dans les autres cas, l'inflammation de la charge explosive est obtenue au moyen d'une fusée qui est toujours percutante pour les obus ordinaires, et qui est organisée de la manière suivante (voy. planche I, figure 6).

L'œil du projectile se compose de deux parties : la partie supérieure est taraudée en écrou, et la partie inférieure, d'un diamètre un peu moindre, est alésée; au-dessus du ressaut, il y a un trou qui traverse la tête du projectile et qui est dirigé suivant une corde du cercle de l'œil.

On place dans le cylindre inférieur un godet en laiton

(planche I, figure 6 *d*) dont les bords reposent sur le ressaut et dont le fond est percé d'un trou recouvert d'une toile fine; dans ce godet est logé le *percuteur* (planche I, figure 6 *c*), cylindre creux en bronze muni à sa partie supérieure d'une aiguille. Cette aiguille fait partie d'une plaque découpée à l'emporte-pièce comme le montre la figure, et logée dans une rainure pratiquée à la partie supérieure du canal du percuteur. Le percuteur est maintenu en place par une clavette en cuivre à tête massive, qu'on introduit par le trou dont il a été question plus haut.

La partie taraudée de l'œil reçoit une première vis en laiton, taraudée elle-même pour recevoir la *vis porte-amorce* (*Zündschraube*) fig. 6 *b*; celle-ci a son ouverture en dessous et en face de la pointe de l'aiguille; elle renferme la même composition fulminante que les amorces des cartouches de fusils, mélange à parties égales de sulfure d'antimoine et de chlorate de potasse.

Le jeu de cette fusée est facile à comprendre. Lorsque le projectile sort de la pièce, la force centrifuge développée par son mouvement de rotation chasse la goupille, et le percuteur devient libre de se porter en avant; c'est ce qu'il fait, en vertu de l'inertie, aussitôt que le projectile frappe contre un obstacle : l'aiguille enflamme alors la composition fulminante, et la flamme, suivant le canal du percuteur, se communique à la charge de l'obus après avoir percé la toile qui forme le fond du godet.

Le trou de la goupille de sûreté et celui qui reçoit la vis porte-amorce sont fermés pendant le transport par des bouchons en papier qu'il faut enlever au moment du tir pour mettre ces pièces en place. C'est un inconvénient, mais la fusée n'en a guère d'autre et elle fonctionne très-bien : dans des expériences faites à Vienne en 1869, elle a donné de 3 à 4 0/0 de ratés. Toutefois on a cru constater, dans des tirs exécutés contre des ouvrages en terre ou en maçonnerie, que l'éclatement a lieu avant que le projectile ait atteint son maximum de pénétration; dans des expériences récentes, faites à Magdebourg, les Prussiens ont cherché à parer à cet inconvénient, soit en allongeant le percuteur et remplissant son canal avec de la poudre en grains, soit en remplaçant l'amorce par une autre composition moins vive.

2° SHRAPNEL
(Pl. I, fig. 7).

Dans le shrapnel, on a cherché à obtenir une capacité intérieure plus grande que celle de l'obus ordinaire, en diminuant l'épaisseur des parois et en ne mettant pas de bourrelets sur le noyau en fonte : l'enveloppe, qui est elle-même plus mince que celle de l'obus ordinaire, est fixée sur le noyau par le procédé suivant, inventé par l'anglais Bathley-Britten, et employé en Angleterre pour les projectiles du système Armstrong. Après avoir bien nettoyé la surface du noyau, d'abord mécaniquement, puis en le chauffant au rouge sombre et le plongeant dans une dissolution de sel ammoniac, on le trempe successivement dans un bain de zinc et dans un bain de plomb; le zinc s'unit très-intimement, d'une part avec la fonte et d'autre part avec le plomb, et il est ensuite impossible d'arracher séparément une portion quelconque de l'enveloppe. Le projectile, une fois sorti du bain, est porté sur un tour où un couteau, découpé suivant un profil convenable, lui donne, en une seule fois, la forme définitive.

Chargement. — Les shrapnels renferment :

celui de 8ᵉ : 90 balles de pistolet, en plomb, à 17 ᵍʳ·

— 9ᵉ : 180 id. id.

— 12ᵉ : 242 balles de fusil, en plomb, à 33 ᵍʳ·

— 15ᵉ : 462 id. id.

Pour faire le chargement, on commence par placer suivant l'axe du projectile un mandrin cylindrique en bois, terminé en pointe à sa partie supérieure, afin qu'il reste dans l'œil un espace suffisant pour l'introduction des balles : le diamètre de l'œil est d'ailleurs beaucoup plus

grand pour le shrapnel, tronqué à la base de l'ogive,
comme le montre la figure 7, planche I, qu'il ne l'est
pour l'obus ordinaire. On introduit les balles en les se-
couant de temps en temps afin qu'elles se tassent conve-
nablement, et au début on vérifie avec soin, après chaque
secousse, la position centrale du mandrin; après avoir
introduit toutes les balles, on coule du soufre pour remplir les interstices; quand ce soufre est refroidi, on retire
le mandrin, qui a dû être préalablement bien imprégné
d'huile afin que l'adhérence ne soit pas trop forte; on le
remplace par un tube en laiton contenant la charge explosive, et enfin, on visse la fusée dans l'œil.

Moyens par lesquels s'obtient l'éclatement des shrapnels.

Les shrapnels sont toujours armés d'une fusée à durée
il y en a deux modèles, l'un pour le matériel de siége,
l'autre pour celui de campagne.

1er Modèle (siége). — Il se compose de quatre parties
principales, savoir : un corps de fusée, un disque contenant la composition fusante, une pièce à oreilles contenant
une amorce fulminante, et un écrou de serrage.

1° *Corps de fusée* (planche I, figures 8 et 8b). — Le corps
de la fusée est fileté à sa partie inférieure pour être vissé
dans l'œil du projectile; son dessus a la forme d'un plateau circulaire entouré d'un rebord légèrement saillant;
au centre de ce plateau, s'élève un arbre en laiton *A* autour duquel se placent toutes les autres pièces qui composent la fusée et dont l'ensemble, de forme ovoïde,
complète la tête du projectile. A une distance déterminée
du bord, est une ouverture quadrangulaire *O*, conduisant
à une chambre intérieure *C* qui est pleine de poudre et
débouche à la base du corps de fusée, c'est-à-dire dans
l'intérieur du projectile ; une rondelle de cuir, percée elle-
même en *O*, est collée sur la surface du plateau.

2° *Disque à composition* (planche I, figure 8a). — Sur la
face inférieure du disque, est creusée une rainure annu-

laire *r* qui en fait *presque* tout le tour et dans laquelle se trouve tassée la composition fusante ; cette rainure a un rayon tel que, quand le disque est posé sur le plateau, elle passe au-dessus de l'ouverture *O* de la chambre à poudre : ses différents points viendront correspondre successivement à cette ouverture si l'on fait tourner le disque autour de l'arbre. Sur la face supérieure du disque, s'ouvre un évidement d'une profondeur peu inférieure à la hauteur totale du disque, et d'un diamètre un peu moindre que celui de la rainure à composition ; le bord de cet évidement présente deux échancrures opposées *e*, *e'* ; son fond est percé d'un trou central pour le passage de l'arbre *A*, et porte une aiguille *a* à une certaine distance de celui-ci. A hauteur du fond, est un trou latéral *d* qui s'ouvre sur la face conique du disque ; une des extrémités de la composition débouche en *S*, par sa partie la plus profonde, dans une des parois de ce trou ; l'autre extrémité arrive tout près de la paroi opposée, mais en est séparée par une cloison.

3° *Pièce porte-amorce.* — La pièce porte-amorce (planche I, figure 8 *c*), faite avec un alliage d'antimoine et d'étain très-cassant, se place dans la partie évidée et porte par deux oreilles dans les échancrures *e* et *e'* ; sa position est déterminée par ces échancrures de telle sorte que l'amorce fulminante, logée dans une cavité de la face inférieure, se trouve au-dessus et à une certaine distance de l'aiguille *a*. Il suffit du choc que reçoit le projectile, au moment où l'explosion de la charge le pousse en avant, pour que les oreilles soient rompues et que la composition fulminante s'enflamme en venant frapper la pointe de l'aiguille. Afin que la rupture des oreilles ne puisse pas se produire par des chocs accidentels, on introduit une clavette en bois dans le trou latéral *d* (fig. 8 *a*); cette clavette, représentée en *K* dans la coupe générale, et à part (planche I, figure 8 *d*), soulève un peu la pièce d'amorce et c'est seulement lorsqu'elle est retirée, que les oreilles touchent le fond des

échancrures; on la retire, au moment de charger, au
moyen d'un trou qu'elle présente à son extrémité extérieure et dans lequel on introduit un crochet porté par la
clef de manœuvre dont il sera question plus bas. On voit
tout de suite que, l'amorce une fois enflammée, le feu se
mettra à la composition fusante par son extrémité S, se
propagera par tranches successives dans la rainure annulaire et, en arrivant au-dessous de l'ouverture O, passera
dans la chambre à poudre, puis dans l'intérieur du projectile; le temps au bout duquel l'éclatement aura lieu
sera d'autant plus grand que l'arc intercepté entre S et O
sera lui-même plus grand, et on peut, en tournant con-
venablement le disque, obtenir une durée quelconque,
depuis une valeur presque nulle jusqu'à celle qui correspond à la longueur totale de la rainure. Le réglage se fait
au moyen d'une graduation, en secondes et dixièmes de
seconde, inscrite sur la face extérieure du disque : on
amène vis-à-vis d'un index gravé sur le bord du corps de
fusée le chiffre correspondant à la distance du but.

4° *Écrou de serrage.* — Le disque est recouvert d'une
plaque en laiton percée d'un trou hexagonal correspondant
à la forme de l'arbre en ce point; par-dessus cette plaque
est un écrou qui se visse sur l'extrémité de l'arbre, taraudée à cet effet. Quand on veut régler la fusée, il faut
commencer par donner du jeu afin de pouvoir tourner le
disque; pour cela, on desserre l'écrou au moyen d'une clef
de manœuvre dont les branches s'introduisent dans les
trous p et p'; on le serre ensuite de nouveau, et la feuille
de laiton interposée ne permet pas que le disque soit en-
traîné avec lui. Ce serrage a pour objet non-seulement de
rendre invariable la position du disque autour de l'arbre,
mais encore de l'appliquer fortement contre la rondelle
en cuir qui ferme à la fois le dessus du corps de fusée et
la paroi inférieure du canal fusant : sans cela, la flamme
s'infiltrerait entre les surfaces de joint et se communique-
rait prématurément à la chambre à poudre.

II° Modèle (campagne). — La fusée pour les shrapnels de campagne est construite suivant les mêmes principes, seulement l'appareil percutant, au lieu d'être logé dans un évidement ménagé *autour* de l'arbre central, l'est *dans l'intérieur même* de cet arbre (planche I, figure 9). A hauteur de la pointe de l'aiguille, celui-ci est percé de six ouvertures débouchant dans une gorge circulaire sur laquelle débouche aussi, d'autre part, un prolongement *d'* (fig. 9.*a*) du trou désigné ci-dessus par *d*: c'est ainsi que la flamme produite par l'explosion de l'amorce peut se communiquer à la première tranche de la composition fusante. Au-dessus du disque est l'écrou de serrage et, par-dessus celui-ci, un *chapeau*, appelé *Bolzenschraube*, qui forme la partie supérieure de l'arbre central et dans le sommet duquel est assujettie, par ses deux oreilles, la pièce porte-amorce. L'arbre est ainsi composé de deux parties, et la partie supérieure, de même que la vis porte-amorce de la fusée percutante, ne se met en place qu'au moment du tir; tout le reste de la fusée est vissé d'avance sur le projectile, ce qui a été fait avec une clef, au moyen de trois échancrures ménagées sur le pourtour du corps de fusée.

3° BOITE A MITRAILLE.

Les boîtes à mitraille sont tirées seulement par les canons de campagne; celle de 8° renferme 48 balles en zinc de 50 grammes, et celle de 9° renferme 41 balles en zinc de 83 grammes. Les culots sont en zinc; l'enveloppe cylindrique est en fer-blanc, et porte, au milieu de sa hauteur, un bourrelet (*Reifen*) destiné à l'arrêter dans la position convenable, lorsqu'on l'introduit dans la chambre.

DONNÉES NUMÉRIQUES.

Le tableau suivant fait connaître les principaux éléments relatifs aux projectiles prussiens; P y désigne le poids du projectile principal, exprimé en grammes, et r son rayon exprimé en centimètres.

BOUCHES À FEU	POIDS, EN KILOGRAMMES,				CHARGE NORMALE		CHARGE d'éclatement en grammes.		Rapport $\frac{P}{Tr^2}$ pour l'obus ordinaire, le boulet ou la bombe.	VITESSE INITIALE, EN MÈTRES, pour le projectile principal.	VITESSE de rotation pour l'obus ordinaire.	
	de l'obus ordinaire (ou de la bombe).	du shrapnel.	de la boîte à mitraille.	du projectile massif.	en kilogrammes.	en fraction du poids du projectile principal.	De l'obus ordinaire (ou de la bombe).	Du shrapnel.			Nombre de tours par seconde.	Vitesse, en mètres par seconde, d'un point de la surface.
Canon de 8c.....	4,25	4,25	9,75	»	0,50	1: 8,5	167	10	83	369	98	23
Canon de 9c.....	6,90	6,90	5,25	»	0,60	1:11,5	250	17	100	331	70	19
Canon de 12c.....	14,50	16,00	»	»	1,05	1:14	500	33	123	284	60	22
Canon court de 12c.	28,58	31,00	»	»	1,50	1:19	1750	50	159	255	38	17
Canon de 15c.....	28,58	31,00	»	»	2,25	1:12	1750	50	159	(366)	98	17
id.......	»	»	»	34,70	(3,00)	(1: 9)	»	»	»	»	(47)	(21)
Mortier de 21c....	80,00	»	»	»	2,00	1:40	7500	»	232	160	90	19
Canon lisse de 7c...	»	»	»	1,40	0,45	1:3	»	»	84	500	.	.
Canon lisse de 9c...	»	»	4,80	2,80	0,95	1:3	»	»	42,5	500	.	.
Canon lisse de 12c..	4,45~	4,70	5,65	»	0,96	1:5	167	40	42,4	392	.	.
Mortier lisse de 15c.	7,30	»	»	»	0,16	1:44	850	»	45	.	.	.
Mortier lisse de 23c.	30,00	»	»	»	1,17	1:25	1600	»	77	192	.	.
Mortier lisse de 28c.	60,00	»	»	»	3,00	1:20	2000	»	99	140	.	.

IV.

EFFETS DU TIR.

Les principaux éléments desquels dépend l'effet utile du tir, sont :

1° *La rapidité du tir.* — Dans la guerre de campagne, la rapidité du tir doit être aussi grande que possible, au moins lorsqu'on a bien apprécié la position et la distance du but; c'est surtout dans le tir à mitraille que cette rapidité a une importance capitale, mais, dans ce cas, on ne pointe généralement pas : on se contente de ramener la pièce dans la direction du but. Avec les canons de campagne prussiens on peut, une fois l'avant-train enlevé et en pointant avec un soin suffisant, tirer en trois minutes 5 coups à mitraille, 4 à 5 coups à obus avec la charge de plein fouet, 3 à 4 coups avec les charges de tir plongeant (1).

Dans la guerre de siége, le feu est en principe assez lent, mais dans certaines circonstances, et principalement encore dans le tir à mitraille, il doit devenir aussi rapide que possible; on compte qu'on peut tirer, en 10 minutes, 10 coups avec les pièces rayées, fermées par le système à coins, 6 avec celles fermées par le système à piston, 3 avec le mortier de 23ᶜ, 2 avec celui de 28ᶜ.

2° *La justesse du tir.* — La représentation la plus convenable de cet élément est celle que fournit *l'écart probable*; on appelle ainsi l'écart qu'il y a une probabilité ¹/₂ de ne pas dépasser, c'est-à-dire qu'on n'atteindra en moyenne qu'une fois sur deux, mais aussi qu'on dépassera en

---

(1) Dans d'autres expériences exécutées en Prusse, plus récemment, on a trouvé que le temps moyen nécessaire pour tirer un coup de canon est de 26 secondes pour le canon prussien de 8ᶜ,28 pour le canon français de 4 (l'Aide-mémoire de 1864 donne 29), 30 pour le canon de 4 autrichien. Ces différences sont insignifiantes, et on peut dire qu'avec l'un ou l'autre des trois canons, on tirera *deux coups par minute.*

moyenne une fois sur deux; le double de ce nombre n'est donc pas autre chose que la dimension que le but doit avoir, en hauteur, largeur ou longueur suivant le sens que l'on considère, pour que, si le coup moyen passe en son milieu, il soit atteint par la moitié du nombre total des coups tirés, ce nombre étant suffisamment grand. Le tableau suivant donne, pour les canons de campagne et diverses distances de tir, les valeurs des écarts probables en hauteur, en portée et en direction, ainsi que celles de deux autres éléments dont il va être question; il se rapporte à l'*obus ordinaire*.

3° *La tension de la trajectoire.* — Elle est mesurée par l'angle de chute ou, d'une manière plus expressive, par la *zóne dangereuse* relative à un but de grandeur donnée (*fantassin ou cavalier*).

4° *La force vive conservée par le projectile*, de laquelle dépend sa force de pénétration dans les milieux résistants. — Un obus de 12° lesté à blanc, tiré à la charge de 1^k,050, traverse à 1000 mètres un parapet de 3^m,15 d'épaisseur en sable tassé; un obus de 15°, tiré à la charge de 2^k,100, traverse à la même distance un parapet de 3^m,45 d'épaisseur en sable tassé. A cette même distance, les obus chargés de 9°, 12° et 15° éclatent dans un parapet en terre grasse à des profondeurs de 1^m,09, 1^m,88 et 4^m,60 ; — les bombes de 23° et 28°, tirées sous l'angle de 45°, ont respectivement des portées de 680 et de 2200 mètres, et pénètrent à ces distances dans un parapet en terre très-rassise à des profondeurs de 0^m,47 et 1^m,10.

5° *Le nombre et la force des éclats que produit l'explosion du projectile.* — L'obus de 8° donne environ 30 éclats assez gros pour tuer les hommes et les chevaux; celui de 9° en donne 30 à 40; ceux de calibres supérieurs en donnent environ 60, dont 40 provenant du noyau en fonte et 20 de l'enveloppe en plomb.

La bombe de 28°, lancée sous l'angle de 60° par une charge de poudre de 585 $^{gr.}$ et avec une charge d'éclatement de $2^k,500$, pénètre en terre à la profondeur de $0^m,65$ et y forme, par son éclatement, un entonnoir de $2^m,20$ d'ouverture.

Depuis la dernière guerre, les Prussiens ont introduit dans leur matériel de campagne le shrapnel décrit plus haut, et ils attachent de plus en plus d'importance à cette espèce de projectile, tandis qu'ils délaissent de plus en plus la boîte à mitraille. Celle-ci, ayant aujourd'hui moins de portée que les feux de l'infanterie, semble en effet ne devoir plus être utilisée que dans des cas assez rares; il y est d'ailleurs suppléé par le shrapnel, dont la fusée permet d'obtenir l'éclatement à de très-petites distances de la pièce.

CANONS.	DISTANCES DE TIR.	TANGENTES des angles de projection.	TANGENTES des angles de chute.	ZONES DANGEREUSES pour un but haut de 1m,80.	VITESSES D'ARRIVÉE.	DEMI-FORCES vives restantes.	ÉCARTS PROBABLES en		
							hauteur.	portée.	direction.
	mètres.	,	,	mètres.	mètres.	kilogram. mètres.	mètres.	mètres.	mètres.
Canon de 8c (charge 500 gr.)	0	,	,	,	368,8	29460	,	,	,
	500	0,019	0,020	90	334	24160	0,18	11,6	0,27
	1000	0,042	0,047	38	304	20020	0,75	15,1	0,67
	1500	0,071	0,083	21	280	17760	1,42	17,9	1,18
	2000	0,103	0,130	14	258	14440	2,55	20,0	1,78
	2500	0,142	0,190	9	240	12470	4,10	21,8	2,46
	3000	0,186	0,261	7	224	10870	6,05	23,2	3,17
	3500	0,235	0,353	5	211	9640	8,60	24,4	3,77
	4000	0,289	0,480 (?)	4	199	8580	,	,	,
Canon de 9c (charge 600 gr.)	0	,	,	,	331,2	38580	,	,	,
	500	0,024	0,025	72	307	33150	0,12	5,6	0,20
	1000	0,050	0,055	33	286	28760	0,43	8,1	0,52
	1500	0,080	0,095	19	266	24880	1,03	10,8	0,96
	2000	0,113	0,143	13	248	21630	1,90	12,5	1,42
	2500	0,152	0,202	9	231	18770	2,95	14,5	1,94
	3000	0,197	0,269	7	216	16410	4,45	16,4	2,50
	3500	0,246	0,351	5	202	14350	6,40	18,1	3 (?)
	4000	0,300	0,445 (?)	4	189	12560	,	,	,

V.

ORGANISATION [1].

Les forces militaires de l'empire allemand sont réparties, en temps de paix et d'une manière permanente, en 18 corps d'armée (y compris la garde et le corps d'Alsace-Lorraine) dont le passage sur le pied de guerre se fait très-rapidement par l'opération de la *mobilisation*.

Organisation de l'artillerie sur le pied de paix. — A chacun de ces corps d'armées est attaché un *régiment d'artillerie de campagne* et un *régiment* (ou portion de régiment) *d'artillerie de place*, dont la réunion s'appelle une *brigade d'artillerie*. Les régiments d'artillerie de campagne se composent chacun d'un *état-major*, de 15 *batteries*, et de 10 *colonnes de munitions* (parc); les régiments d'artillerie de place se composent de 8 *compagnies*. La brigade d'artillerie est commandée par un *général-major* (général de brigade) ou un colonel auquel est adjoint comme aide de camp un capitaine de 3e classe ou un lieutenant. Dans une même brigade, les officiers permutent fréquemment entre eux pour faire alternativement le service, soit dans l'artillerie de campagne, soit dans l'artillerie de place. L'avancement a lieu par brigade et non par régiment.

Les troupes d'artillerie, bien que réparties dans les corps d'armée et placées sous les ordres des commandants en chef de ces corps d'armée, ont, en ce qui concerne le personnel et la direction scientifique de l'arme, une organisation spéciale.

A la tête de l'artillerie est placé un *général, inspecteur général*, et tout le corps d'artillerie est réparti en un certain nombre d'inspections dont chacune est commandée

---

[1] Il s'agit ici de l'organisation actuellement existante; elle doit recevoir des modifications qu'on fera ultérieurement connaître.

par un lieutenant-général (général de division) ou un général-major inspecteur. (Les chefs-lieux de ces inspections, avant 1870, étaient, pour la Prusse : Stettin, Berlin, Breslau et Coblentz). Une division d'artificiers, composée de 3 compagnies, relève de l'inspecteur général d'artillerie; sous la haute direction de celui-ci sont encore placés les différents établissements de l'arme, savoir :

1° *Le comité d'artillerie;* il est composé d'officiers généraux et supérieurs, ne fonctionne que sur convocation, et traite les questions de règlements, d'organisation, etc...., qui lui sont soumises.

2° *La commission d'expériences,* chargée d'expérimenter toutes les nouvelles inventions qui lui sont présentées; elle dispose à cet effet de la 3ᵉ compagnie d'artificiers, appelée *compagnie d'expériences.*

3° *La commission d'examen des lieutenants.* Nul officier d'artillerie ne peut passer capitaine dans l'arme, sans avoir subi des examens devant cette commission.

4° *Une école de pyrotechnie.*

5° *Une école de tir d'artillerie* à Berlin, où chaque régiment détache, deux fois par an, un officier et un sous-officier.

6° Enfin, *les manufactures d'armes et les arsenaux d'artillerie.*

Organisation sur le pied de guerre. — Quand un corps d'armée est mis sur le pied de guerre, son régiment d'artillerie de place, dont l'effectif est plus ou moins augmenté suivant les circonstances, fait partie des troupes de garnison (¹); son régiment d'artillerie de campagne prend l'organisation suivante :

> Un état-major de régiment,
> 5 divisions d'artillerie à pied,
> 1 division d'artillerie à cheval,
> 1 division de colonnes (parc),
> 1 division de dépôt;

(¹) Dans une place en état de siége, il aurait des batteries attelées de sortie.

chacune des cinq premières divisions est commandée par un officier supérieur et a un petit état-major. Une division d'artillerie à pied comprend deux batteries de canons de 9ᵉ (*schwere Fussbatterien*) et 2 batteries de canons de 8ᵉ (*leichte Fussbatterien*) ; la division d'artillerie à cheval comprend 3 batteries de canons de 8ᵉ (*reitende Batterien*) ; la division de colonnes comprend 10 colonnes, dont 6 sont destinées au transport des munitions d'artillerie et 4 au transport des munitions pour l'infanterie, la cavalerie, etc.; enfin la division de dépôt, qui fait partie des troupes dites *de remplacement*, comprend 1 batterie à cheval de 8ᵉ, 1 batterie à pied de 8ᵉ, 1 batterie à pied de 9ᵉ et 1 section d'ouvriers.

Une batterie a 16 voitures, savoir :

      6 pièces (*Geschütze*) attelées à 6 chevaux,
      6 caissons (*Munitionswagen*)   id.
      1 chariot (*Vorrathswagen*)   id.
      2 chariots   *id.*   à 4 chevaux,
      1 forge (*Feldschmiede*)   à 6 id. ,

et transporte avec elle les munitions suivantes :

BATTERIES.	MUNITIONS ET ARTIFICES.	DANS l'avant-train de la pièce.	DANS l'avant-train du caisson.	DANS l'arrière-train du caisson.	TOTAUX pour une pièce.	TOTAUX pour la batterie entière.	OBSERVATIONS.
BATTERIE DE 8ᵉ	Obus ordinaires	36	36	32	104	624	
	Shrapnels	8 ⎫49	8 ⎫52	24 ⎫56	40 ⎫157	240 ⎫942	
	Boîtes à mitraille	5* ⎭	8 ⎭	» ⎭	13 ⎭	78 ⎭	
	Charges de 500 grammes	50	50	60	160	960	
	Étoupilles	75	50	75	200	1200	
	Amorces et goupilles pour fusées percutantes	48	32	48	128	768	*Y compris un comp. renfermé dans une poche en cuir suspendue à l'affût.
	Amorces pour fusées à durée	12	8	28	48	288	
BATTERIE DE 9ᵉ	Obus ordinaires	24	24	42	90	540	
	Shrapnels	6 ⎫34	6 ⎫36	21 ⎫63	33 ⎫133	198 ⎫798	
	Boîtes à mitraille	4* ⎭	6 ⎭	» ⎭	10 ⎭	60 ⎭	
	Charges de 600 grammes	36	36	72	14.	864	
	Étoupilles	50	25	75	150	900	
	Amorces et goupilles pour fusées percutantes	32	16	64	112	672	
	Amorces pr fusées à durée	8	4	28	40	240	

Quant aux colonnes de munitions, celles de munitions d'artillerie ont chacune 24 voitures et celles de munitions d'infanterie en ont 27 ; dans le premier cas, les 24 voitures se décomposent ainsi :

VOITURES.	NOMBRE de chevaux d'attelage.	COLONNES Nᵒˢ	
		1 et 2.	3, 4, 5 et 6.
Caissons à munitions de 8ᶜ...............	6	9	9
id. de 9ᶜ...............	6	8	8
Chariots *(Vorrathswagen)*...............	4	2	2
Affûts de rechange de 8ᶜ avec avant-train.......	4	3	2
id. de 9ᶜ id.	4	1	2
Forges....................................	6	1	1
TOTAUX........		24	24

Ces colonnes fournissent un supplément d'environ 100 coups par pièce.

L'effectif en hommes et chevaux de ces différentes subdivisions du régiment est réglé comme le montre le tableau suivant :

	BATTERIES			COLONNES de munitions	
	à cheval	à pied de 8e.	de 9e.	d'artillerie.	d'infanterie.
Officier comm^t (*Hauptmann* ou *Rittmeister*)	1	1	1	1	1
Officier de sect. (1 lieut. en 1er, 3 lieut. en 2e)	4	4	4	»	»
Officiers de colonnes	»	»	»	2	2
Chef artificier ayant rang d'officier (*Ober-feuerwerker*)	»	»	»	1	1
Maréchal-des-logis chef (*Wachtmeister* ou *Feldwebel*)	1	1	1	1	1
Enseigne porte-épée	1	1	1	»	»
Sous-officiers	12	13	13	12	12
Trompettes	2	2	2	»	»
Exempts (*Gefreite*) et canonniers . . . . . . { Servants	42	42	48	8	8
{ Conducteurs . . .	49	60	60	23	26
{ Ouvriers	38	28	28	37	34
{ Trompettes	»	»	»	2	2
Obergefreite.	»	»	»	3	3
Infirmiers.	1	1	1	1	1
Selliers	2	1	1	1	1
Soldats du train (compr. les ordonn. d'offic.)	5	5	5	80	84
TOTAUX	158	159	165	172	176
CHEVAUX. . . de l'officier commandant . . .	3	3	3	2	2
des autres officiers	12	4	4	1	1
de l'officier artificier	»	»	»	1	1
de { de derrière	32	32	32	48	48
trait { du milieu et de devant	60	60	60	84	92
de selle	100	17	17	22	22
haut-le-pied { de selle	»	2	2	»	»
{ de { de derrière	2	4	4	4	4
{ trait { de devant.	4	4	6	4	4
TOTAUX	213	126	128	166	174

E. JOUFFRET, *capitaine d'artillerie,*

Adjoint au professeur du Cours d'artillerie à l'École d'application de l'artillerie et du génie, à Fontainebleau.

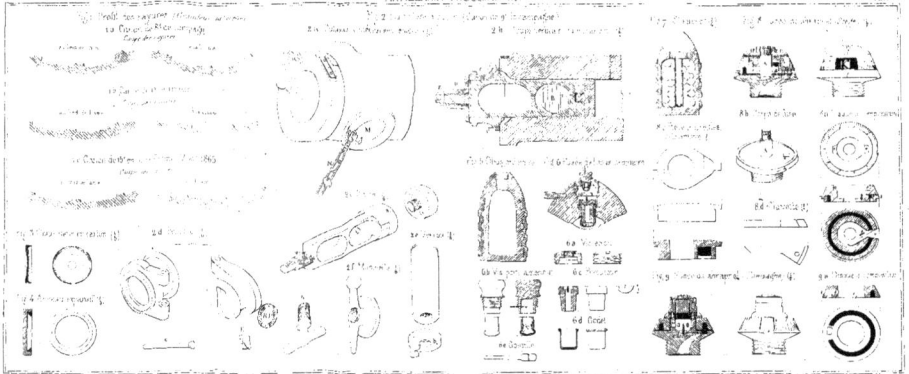

Pl. II

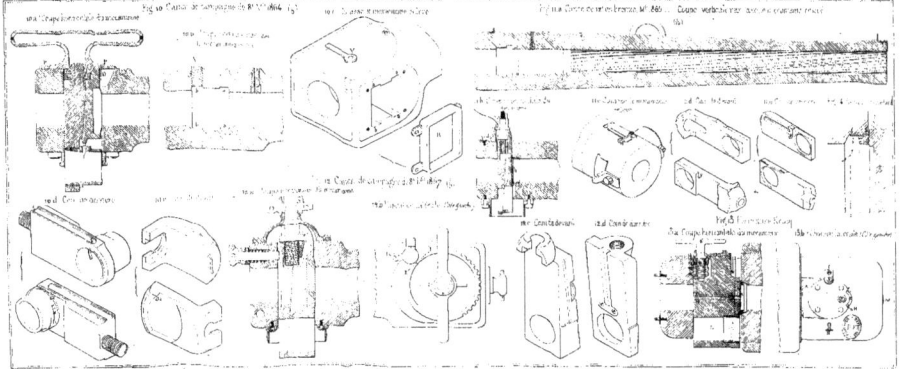

Pl. III

www.ingramcontent.com/pod-product-compliance
Lightning Source LLC
Chambersburg PA
CBHW072014290326
41934CB00009BA/2077